LES CONJECTURES,

COMÉDIE

EN TROIS ACTES ET EN VERS.

LES CONJECTURES,

COMÉDIE

EN TROIS ACTES ET EN VERS,

Représentée, pour la première fois, au Théâtre de la rue Feydeau, par les Comédiens Français, le 28 vendémiaire, l'an 4 de la République.

Par L. B. PICARD.

SECONDE ÉDITION.

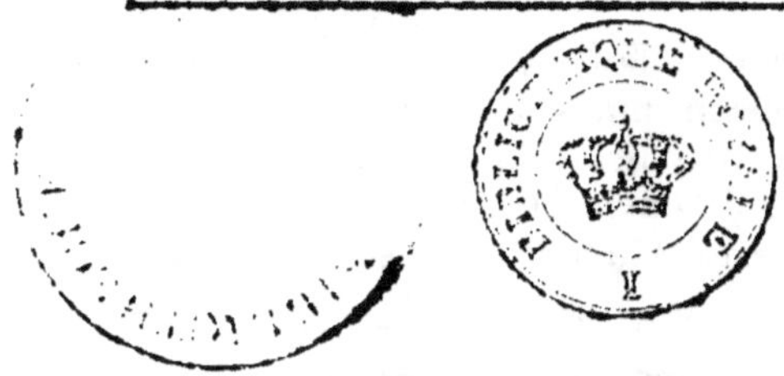

A PARIS,

Chez
HUET, Libraire, rue Vivienne, N.° 8.
A son Dépôt, Palais du Tribunat, galerie du Théâtre Français, N° 26;
RAVINET, Libraire, rue Froidmanteau, N.° 179;
CHARON, Libraire, passage Feydeau.

AN X. — 1802.

Où je n'aie un visage au moins de connaissance :
Aussi, je suis bien loin d'en tirer vanité ;
Mais au plus haut degré mon talent est porté.
Songez donc qu'on ne peut pour moi farder sa mine,
Et que tout en rasant quelqu'un je l'examine.
Je le regarde en face et le connais bientôt.

ROSE.

Ah ! nous vous avons vu quelquefois en défaut.

MICHEL.

Vous êtes dangereux pour tous tant que nous sommes.

MARGUERITE.

Fort bien : en les rasant vous connaissez les hommes.
Mais les femmes, voisin ?

RIGOLOT.

J'ai bien d'autres secrets.
Et par exemple, vous, tenez, je vous connais
Mieux que vous-même.

MARGUERITE.

Bon : eh bien ! mon caractère,
Suivant vous, quel est-il ?

RIGOLOT.

Faut-il être sincère ?
Votre plus grand défaut, c'est de n'en point avoir,
De penser le matin autrement que le soir.
« Ma femme, (me disait votre époux, ce bon Charle)
» Est toujours de l'avis du dernier qui lui parle ;
» Pleine d'esprit d'ailleurs, de vertu, de bonté. »

MARGUERITE.

C'est assez mon portrait, au fond. De mon côté,
A votre bon esprit, voisin, je rends hommage ;
Vous fûtes de tous tems l'oracle du village.
Mais à notre discours, enfin pour revenir,
Avant de s'épouser il faut se convenir.

ROSE.

Oh ! sans doute ; aussi moi, je suis bien avertie ;
Et dussé-je rester fille toute ma vie,
L'homme suivant mon cœur obtiendra seul ma main.

MICHEL.

Mais cet homme, comment veux-tu qu'il soit enfin ?

ROSE.

Comment ?

MARGUERITE.

Oui.

ROSE.

Des dehors de l'homme qu'elle épouse,
Mainte femme aujourd'hui se dit fort peu jalouse ;
Comme dans mon mari, je veux voir mon amant,
Je suis plus difficile, et je dis franchement
Que je le veux bien fait, de bonne mine, aimable,
Sur-tout brûlant pour moi d'un amour véritable.
Qu'il soit soldat, marchand, artiste ou laboureur,
A sa profession, je veux qu'il fasse honneur.
Son bien m'importe peu, le mien peut nous suffire.
De l'esprit, qu'il en ait assez pour se conduire ;
Mais que son cœur soit bon, sensible, généreux,
Et sa maison toujours ouverte aux malheureux.
Qu'à votre exemple enfin, jamais il ne balance
A faire autant de bien qu'il est en sa puissance.

MICHEL.

Tu crois m'avoir gagné par ce beau compliment ;
Mais point du tout, je vais te parler franchement.
Tous les soirs nous traitons des objets d'importance,
Nous parlons politique, et commerce, et finance ;
Vous autres, vous parlez d'amours, de sentimens ;
Nous lisons des journaux, vous lisez des romans.
En hommes accomplis chaque roman abonde,
Mais ils sont, par malheur, fort rares dans le monde.

RIGOLOT.

Michel sur ce sujet vraiment parle à ravir.
(*On frappe à la porte.*)
Quelqu'un frappe, je crois ?

ROSE.

Restez, je vais ouvrir.

SCENE II.

RIGOLOT, MICHEL, PROSPER, MARGUERITE, ROSE.

ROSE, *revenant d'ouvrir.*

C'EST un jeune étranger.

(*Tous se lèvent, excepté Rigolot.*)

MARGUERITE.

De fort bonne tournure.

PROSPER, *en voyageur, un paquet sur le dos, au bout d'un bâton.*

Ne vous dérangez pas pour moi, je vous conjure.
Ce n'est qu'un voyageur qui vous vient, sans façon,
Demander la meilleure auberge du canton.
J'ai déja traversé presque tout le village,
Je n'ai pas vu d'enseigne encor sur mon passage.

MICHEL.

Parbleu, je le crois bien, vous chercheriez long-tems;
Cet endroit n'est peuplé que de bons paysans,
Et de quelques bourgeois vivant de leur fortune:
Nous n'avons jamais eu d'auberge.

PROSPER.

Eh! quoi, pas une?
Eh! bien, un cabaret; ça m'est égal, à moi.

MICHEL.

Chacun ne sait ici s'enivrer que chez soi;
Et vous avez encor un quart de lieue à faire,
Dans les bois, sans trouver une seule chaumière.

PROSPER.

Un quart de lieue!

MICHEL.

Au moins.

PROSPER.

Ah! diantre, c'est fâcheux;
La nuit devient obscure, il fait un tems affreux:

Permettez que chez vous jusqu'à demain je reste.
La proposition vous paraît un peu leste;
Toujours d'aider autrui, je me fis une loi;
Me trompai-je en jugeant ici de vous par moi?

MICHEL.

Me juger autrement serait me faire outrage.
Jeune homme, touchez-là. Votre air, votre langage,
Me plaisent, vous n'avez fait que me prévenir :
Ce que vous demandez, moi, j'allais vous l'offrir.

PROSPER, *mettant son paquet sur la table.*

Vraiment! Eh bien, voyez : j'admire, quand je pense,
Comme les braves gens font bientôt connaissance,
Comme, sans se parler, ils s'entendent entr'eux.
Voilà ce qui s'appelle un accident heureux.

MARGUERITE, *à Rose.*

Ce jeune homme me plaît.

ROSE.

Sa franchise est aimable.

MARGUERITE.

Tu veux dans ton époux un dehors agréable;
Que dis-tu du maintien de ce jeune étranger?

ROSE.

Il est fort bien : c'est vous qui m'y faites songer.

PROSPER.

Je ne suis point surpris de votre caractère;
Brave homme, je le vois, vous avez fait la guerre,
Tous les soldats sont francs.

MICHEL.

Vous avez bien raison.

(*A Rigolot.*)

Il a l'air doux, honnête.

RIGOLOT.

Il agit sans façon.
Mais laissez-moi, voisin, achever ma lecture,
Et puis analysant d'un coup-d'œil sa figure,
Je vous dirai bientôt.....

PROSPER, *à Michel.*

Voilà probablement

Votre épouse?

MICHEL.

Ma sœur, que j'aime tendrement.

MARGUERITE.

Et qui vous le rend bien.

PROSPER, *montrant Rose.*

Et voilà votre fille?

MICHEL.

Oui.

PROSPER, *montrant Rigolot.*

Monsieur n'est-il pas aussi de la famille?

RIGOLOT.

Qui moi, monsieur?

PROSPER.

Vous-même.

RIGOLOT, *à part.*

Il est bien familier.

(*Haut.*) (*Reprenant sa lecture.*)

Je ne suis qu'un voisin. Paris. Un prisonnier

(*Il s'interrompt et regarde Prosper.*)

S'est enfui. Diantre!

PROSPER.

Ah! ça, je me mets à mon aise
Avec vous; mais pour peu que cela vous déplaise......

RIGOLOT, *à Michel.*

Voulez-vous le garder? (ce que je blâme fort.)
Voisin, demandez-lui du moins son passe-port.

PROSPER, *cherchant dans sa poche.*

Je n'en ai pas.

RIGOLOT.

Ho! ho! voici qui paraît louche.

PROSPER.

Je l'ai perdu.

ROSE, *avec intérêt.*

Vraiment.

MARGUERITE.

Son accident me touche.

PROSPER.

Je me suis arrêté sur la route un moment,
Et je l'aurai laissé tomber probablement.

RIGOLOT, *à part.*

Tout cela ne vaut rien si je puis m'y connaître.

PROSPER.

Ce défaut de papiers va me nuire peut-être.
Mais non, vous m'avez l'air de fort honnêtes gens,
Et les honnêtes gens sont toujours confians.
Vous voyez : j'ai de vous une idée assez bonne ;
Est-ce l'opinion que de moi je vous donne ?
Voudriez-vous savoir d'où je viens, qui je suis ?
Je me nomme Prosper, j'arrive de Paris,
Et je vais au hameau de Limeuil, ma patrie,
A pied, autant par goût que par économie.

RIGOLOT.

Fort bien : vous allez voir votre père ?

PROSPER.

Hélas ! non.

RIGOLOT.

Il est mort. Il s'agit de sa succession ?
Par moi, cette matière à fond est possédée.

PROSPER.

Non. En fort peu de tems elle fut liquidée.

MARGUERITE.

Vous allez donc former un établissement
De commerce ?

PROSPER.

Du tout, je ne suis pas marchand.

MARGUERITE.

Non. Pour votre plaisir vous faites donc la route ?

PROSPER.

Je reverrai ces lieux avec plaisir sans doute ;
Mais j'y suis appelé par la nécessité.

RIGOLOT.

Comment donc ?

PROSPER.

Vous poussez la curiosité

Un peu trop loin, je crois ; vous avez vos affaires,
J'ai les miennes aussi, qui vous sont étrangères.
S'il faut vous révéler, pour rester en ces lieux,
Mes secrets les plus chers, recevez mes adieux ;
Cet asyle à ce prix n'a rien qui me convienne.

MICHEL, *le retenant.*

Cette indiscrétion, ami, n'est pas la mienne.
N'avez-vous pas besoin d'un asyle ce soir ?
Il suffit, voilà tout ce que je veux savoir.

RIGOLOT.

Ah ! j'en étais bien sûr. Mais quelle étourderie !

PROSPER.

Digne vieillard ! Prosper est à vous pour la vie.

MARGUERITE.

Vous avez l'air bien las ?

PROSPER.

Mais, depuis ce matin,
Sans m'arrêter, je marche, et j'ai fait un chemin !....

ROSE.

Ah ! mon dieu !

MARGUERITE.

Pauvre enfant ! est-il possible ?

ROSE.

Eh ! vite,
Je m'en vais lui chercher du vin. (*Elle sort.*)

SCÈNE III.

RIGOLOT, MICHEL, PROSPER, MARGUERITE.

MARGUERITE.

Si tout de suite,
Il voulait faire un somme, il n'est pas encor tard.

MICHEL.

Il serait au souper plus frais et plus gaillard.

PROSPER.

Mes amis, près de vous ma fatigue s'oublie.

MICHEL.

Le sommeil vous fera du bien, je le parie,
Et nous en resterons à table plus long-tems.

PROSPER.

Eh bien ! soit.

MARGUERITE.

Je cours mettre à son lit des draps blancs.
(Elle sort.)

SCENE IV.

RIGOLOT, PROSPER, MICHEL.

PROSPER.

Ah ! ça, réveillez-moi dans deux heures sans faute.

MICHEL, *à Rigolot.*

Oui. Voisin, pour m'aider à bien fêter notre hôte,
Soupez ce soir ici.

RIGOLOT.

Qui ? Moi !

MICHEL.

Réunissons
Nos deux soupers en un, nous politiquerons.

RIGOLOT, *serrant la main de Michel.*

J'accepte. Vous avez fait une inconséquence,
Qui pourra devenir plus grave qu'on ne pense,
Et je veux être là pour donner mes avis.

SCENE V.

RIGOLOT, MICHEL, PROSPER, ROSE.

ROSE, *versant à boire à Prosper.*

Tenez, buvez : pardon, c'est du vin du pays.

PROSPER, *buvant.*

(*à Michel.*)

Très-bon. Que vous avez une charmante fille !
Heureux celui qui doit compléter la famille !

RIGOLOT.

On a toujours raison avec un compliment.
Il n'est pas sot.

MICHEL.

Il est galant au moins.

RIGOLOT.

Charmant.

SCÈNE VI.

RIGOLOT, MICHEL, PROSPER, MARGUERITE, ROSE.

MARGUERITE.

Entrez dans cette chambre et dormez bien tranquille.

PROSPER.

Ah ! pouvais-je espérer un aussi doux asyle ?
Parbleu ! je suis tombé chez de bien braves gens.
Je ne sais que répondre à des soins si touchans.
Cher papa, votre accueil a pour moi tant de charmes,
Que moi, qui pleure peu, je sens couler mes larmes.

MICHEL.

Mais si vous me trouviez dans un semblable cas,
Ce que je fais pour vous, ne le feriez-vous pas?

PROSPER.

Ah ! je vous en réponds.

MARGUERITE, *poussant Prosper du côté de sa chambre.*

Pas tant de politesse,
Entrez. (*Prosper entre dans la chambre.*)

SCENE VII.

RIGOLOT, MICHEL, MARGUERITE, ROSE.

MARGUERITE,

à Rose qui est restée toute pensive sur le bord du théâtre.

Eh bien! à quoi rêves-tu donc, ma nièce?
Nous avons là-dedans encore à tracasser.

ROSE, *sortant de sa rêverie.*

Ce jeune homme est vraiment fait pour intéresser.
(*Elles sortent ensemble.*)

SCÈNE VIII.

MICHEL, RIGOLOT.

RIGOLOT.

Ah! ça, vous avez donc, voisin, perdu la tête?
Vous souffrez que chez vous un voyageur s'arrête?

MICHEL.

Et pourquoi pas, voisin?

RIGOLOT.

Savez-vous ce que c'est
Que ce jeune homme?

MICHEL.

Non. Qu'est-ce que cela fait?

RIGOLOT.

Eh! mais, a-t-on jamais raisonné de la sorte?
On demande qui frappe, avant d'ouvrir sa porte.
Vous connaissez mon cœur, vous savez, mon voisin,
Qu'autant que vous, je suis compatissant, humain,
Quand je connais les gens.

MICHEL.

Voyez le beau mérite.
Ma foi, nous devrions rougir de la conduite

Que nous tenons envers les pauvres voyageurs ;
Sur ce point je voudrais vraiment changer nos mœurs :
Qu'un étranger bien las dans un village arrive,
Et demande un abri, sa question naïve,
Au lieu de l'intérêt, inspire le soupçon ;
Personne ne lui croit de bonne intention,
Chacun prête un mauvais dessein à son voyage ;
Il porte nos habits, parle notre langage,
N'importe, en lui l'on voit un méchant qu'il faut fuir,
Et l'on n'y saurait voir un frère à recueillir.
Pourquoi donc le traiter avec cette injustice ?
Quand un homme nous vient demander un service,
Est-ce à nous, c'est à lui que nous devons songer.
Ce que j'ai fait ce soir pour ce jeune étranger,
Pour tous ceux qui viendront je prétends bien le faire ;
Croyez-moi, mon voisin, adoptez ma manière,
Elle est bonne : voyons dans chaque homme un ami,
Tant qu'il n'a pas prouvé qu'il est notre ennemi.

RIGOLOT.

Tous ces beaux sentimens dans mon cœur je les porte.
Je ne vous ai pas dit de le mettre à la porte ;
Car il n'est pas prouvé que ce jeune homme ait tort.
Sa figure prévient, il est sans passe-port.
Sur plus d'une demande il se tait, mais il montre
Du goût dans ce qu'il dit, et le pour et le contre
Egalement ainsi se trouve balancé.
Mon sentiment sur lui sera bientôt fixé.
Hâtez, mon cher voisin, l'instant qui nous rassemble,
C'est-là que je l'attends : nous souperons ensemble ;
Croyez qu'à ce coup-d'œil il ne peut échapper.
Sans adieu, je m'en vais vous chercher mon souper.

(Ils sortent ensemble, Michel éclairant Rigolot.)

SCENE IX.

MARGUERITE, ROSE.

Pendant la scène précédente, Rose et Marguerite ont passé tour-à-tour sur le théâtre pour faire les apprêts du souper et ont écouté la conversation, de manière qu'elles se trouvent en scène au moment de la sortie de Michel et de Rigolot.

MARGUERITE.

Bien plutôt que mon frère il a perdu la tête.

ROSE.

Au moins autant que lui ce jeune homme est honnête.

MARGUERITE.

Il ne faut que le voir, pour en juger ainsi.

ROSE.

Mais c'est qu'en lui vraiment tout paraît réuni.
La grace, la franchise, une voix si touchante.

MARGUERITE.

Je cherche en quel roman comme lui se présente,
Un soir chez un guerrier, un héros, un amant;
J'ai cru voir ce héros lui-même en le voyant.

ROSE.

Ce n'est pas l'embarras; moi, s'il faut vous le dire,
De ce qu'il est comme eux, je voudrais bien m'instruire.

MARGUERITE.

Bon! à qui le dis-tu? je brûle comme toi,
De le connaître au fond, et d'avance, je croi
Que l'éclaircissement tournerait à sa gloire.

ROSE.

Ah! je suis, comme vous, bien portée à le croire.

MARGUERITE.

Par quel motif a-t-il abandonné Paris?

ROSE.

Quelle raison le fait aller dans son pays?

MARGUERITE.

Ah ! dame ! il va peut-être épouser sa maîtresse.

ROSE, *vivement.*

Quoi ! vous croyez, ma tante ?

MARGUERITE.

Et pourquoi pas, ma nièce?

ROSE.

Oh ! cela m'est égal.

MARGUERITE.

Nous pourrions être au fait,
Et tout d'un coup : il a laissé là son paquet.

ROSE.

En vérité.

MARGUERITE.

Regarde.

ROSE.

Oui.

(*Elles s'approchent du paquet.*)

MARGUERITE.

Sans beaucoup de peine,
De tout, en un instant, nous nous verrions certaines.

ROSE.

Oui, vraiment. Mais pour nous, ce paquet est sacré.

MARGUERITE.

Oh ! d'y toucher aussi je vous empêcherai.
Pourtant, nous ne voulons que son bien, et je gage
Que nous n'y trouverions rien qu'à son avantage.

ROSE, *prenant le paquet.*

Avec beaucoup de soin il n'est pas attaché.

MARGUERITE, *le prenant à son tour.*

Oh ! c'est qu'apparemment il n'a rien de caché.

ROSE.

Gardons-nous d'abuser de cette négligence.

MARGUERITE.

Prouvons qu'il n'a point mal placé sa confiance.

ROSE.

Vous dites bien, ma tante, il faut la mériter.

(*Elle reprend le paquet pour le poser sur la table ; en le posant il en tombe un étui de mathématiques, un portrait dans une boëte, un crayon autour duquel est roulé un dessin.*)

Ah !

MARGUERITE, *ramassant l'étui.*

Du hasard au moins, nous pouvons profiter.

ROSE, *l'arrêtant.*

Mais non, je ne crois pas. . . . .

MARGUERITE.

Qui le saura ?

ROSE.

Ma tante,

C'est vous. . .

MARGUERITE.

Autant que moi, le desir te tourmente.
Assez long-tems, je crois, nous avons résisté.

ROSE.

Mais point du tout.

MARGUERITE, *ouvrant l'étui.*

Allons, le sort en est jetsé.
Les singuliers outils !

ROSE.

Ah! c'est qu'il étudie
La physique sans doute, ou bien l'anatomie.

MARGUERITE.

C'est un chirurgien, peut-être un médecin.

ROSE.

C'est un savant, voilà ce qui paraît certain.

MARGUERITE, *remettant les outils.*

Remarquons bien la place où chaque chose est prise.
(*Développant le papier.*)
Un papier ! un dessin ! C'est une vieille église ;
Tiens.

ROSE.

C'est un château-fort, plutôt. Il est bien fait
Au moins, ce dessin-là.

MARGUERITE, *ouvrant la boîte.*

Très-bien fait. Un portrait !

ROSE, *avec beaucoup d'émotion.*

De femme ?

MARGUERITE.

Non, d'un vieux et grave personnage.

ROSE, *encore émue.*

Tenez, n'en voyons pas, de grace, davantage ;
Car ce que nous faisons est mal, en vérité.

MARGUERITE.

Tu crains que le portrait d'une jeune beauté
Ne succède au premier, pas vrai ? Je te pénètre :
Ce paquet en renferme un magasin, peut-être.
Mais admirez pourtant quel malheur est le mien ;
Là ! le hasard nous sert et ne nous apprend rien.

ROSE.

C'est cruel.

MARGUERITE.

Très-cruel : sur-tout pour toi, ma nièce.

ROSE.

Pour moi ! mais pourquoi donc ?

MARGUERITE.

Oh ! c'est qu'il t'intéresse,
Très-vivement. Sois franche.

ROSE.

Un homme que je vois,
Et dont j'entends parler pour la première fois.

MARGUERITE.

Eh ! n'avons-nous pas lu qu'un coup de sympathie
Nous enflamme souvent pour toute notre vie ?

ROSE.

Ah ! tout cela, ma tante, est bon dans vos romans !
A babiller ici, nous perdons notre tems ;
J'ai mainte chose à faire encore, je vous laisse.

(*Elle sort.*)

SCÈNE X.

MARGUERITE, *seule.*

Je te suis. Je n'ai pas sans doute la finesse
Du voisin Rigolot ; mais j'oserais gager,
Qu'elle va cette nuit rêver à l'étranger.
(*Elle va pour sortir ; elle apperçoit Rigolot qui entre, portant son souper couvert, et réfléchissant profondément.*)

SCÈNE XI.

RIGOLOT, MARGUERITE.

RIGOLOT.

Je pense à ce jeune homme, à son étrange entrée,
Et puis à la nouvelle au journal insérée.
Quel est ce prisonnier qui s'est, dit-on, sauvé ?
Quel est ce voyageur dans ces lieux arrivé ?
Ah ! c'est sans doute lui que l'article regarde.

MARGUERITE.

Ah ! c'est vous ?

RIGOLOT.

Oui, moi-même.

MARGUERITE.

Eh ! mais, prenez donc garde,
Vous laissez refroidir, voisin, votre souper.

RIGOLOT.

De mon souper j'ai bien le tems de m'occuper.
Notre beau voyageur repose encor sans doute.

MARGUERITE.

Et vraiment il a fait une assez longue route.

RIGOLOT.

Allons, je ne veux pas déranger son sommeil ;
Mais il faudra qu'il parle enfin à son réveil.

MARGUERITE.

Eh ! quoi, mon cher voisin, n'avez-vous pas de honte,

D'avoir ainsi conçu des soupçons sur son compte?

RIGOLOT.

Je ne suis pas, je crois, sujet à me tromper.
Je dis que l'homme à qui vous donnez à souper,
De Michel et de vous peut entraîner la perte.

MARGUERITE.

Auriez-vous donc sur lui fait quelque découverte?

RIGOLOT.

(Il va porter son souper sur la table, et tire une gazette de sa poche.)

Non, je ne suis qu'un sot; mais lisez ce papier,
A l'article Paris : en bas.

MARGUERITE, *lisant.*

Un prisonnier
S'est enfui.

RIGOLOT.

Non, je dis; suis-je un fou?

MARGUERITE, *lisant.*

L'on invite
Tous les bons citoyens à donner sur sa fuite.......

RIGOLOT, *reprenant son journal.*

C'est bon, c'est bon, le reste est inutile. Eh bien!

MARGUERITE.

Eh bien, vous penseriez?....

RIGOLOT.

Non, je ne pense rien;
Mais quand de tous côtés on cherche dans la France,
Un fugitif, il est, je crois, de la prudence,
De s'informer un peu des gens que l'on reçoit;
Pour le salutpublic, pour le sien on le doit.

MARGUERITE.

Sans doute : mais comment?...

RIGOLOT.

Ce prisonnier doit être
De son âge à-peu-près; car c'est par la fenêtre
Qu'il se sera sauvé sûrement. Or il faut
Un homme leste encor pour faire un pareil saut.
Ou peut-être enfermé dans une citadelle,
D'une corde il aura su se faire une échelle.

Quoi qu'il en soit, il faut examiner le fait.
Un homme plus léger que moi, prononcerait
Sur bien moins que cela. Je veux des preuves claires.
(Il reprend son souper.)
Je rentre. N'allez pas vous forger des chimères
Sur tout ce que je viens de vous dire, pourtant.
Je suis sûr, mais très-sûr, en y réfléchissant,
Que ce jeune homme n'est qu'un passant ordinaire,
Et qui voyage ainsi, par goût ou pour affaire.
Mais pourquoi diantre a-t-il perdu son passeport?
(Il sort.)

SCENE XII.

MARGUERITE, *seule.*

PAR exemple, le trait me paraît un peu fort.
Aller s'imaginer ! . . . Eh ! mais, dans nos lectures,
Nous avons vu, ma foi, bien d'autres aventures.
Si la chose était vraie, il serait dangereux
Pour nous de le garder plus long-tems en ces lieux.
Eh ! les hardes par nous dans son paquet trouvées,
Ne sont-elles donc pas des preuves achevées?

SCENE XIII.

MICHEL, MARGUERITE.

MICHEL.
AH ! ah ! je vous cherchais.

MARGUERITE.
Je vous cherchais aussi.
Eh bien, notre étranger n'est-il pas accompli?
Oh ! vous vous connaissez en hommes, je l'avoue.
Votre discernement mérite qu'on le loue.

MICHEL.
Que voulez-vous donc dire avec ce ton railleur?

MARGUERITE.
Que vous allez d'ici chasser ce beau monsieur.

B ...

MICHEL.

Le chasser ! pourquoi donc?

MARGUERITE.

Eh ! mais, si l'on vous prouve,
Qu'on peut vous tracasser, si chez vous on le trouve,
Et que d'une prison il vient de s'évader,
Consentez-vous encor, mon frère, à le garder ?

MICHEL.

Quel conte en l'air, ma sœur, venez-vous de me faire?

MARGUERITE.

En effet, il n'est pas un prisonnier de guerre;
Ne voilà pas le plan du fort dont il a fui;
Le journal ment sans doute : ils ne sont pas à lui,
Ces outils singuliers que je cherche à connaître,
Il n'a pas attaché ses draps à sa fenêtre;
Vous dites bien, ce sont des contes que je fais.
Mais à ma nièce il faut révéler ces secrets.
Il ne pourra jamais démentir l'évidence.

(*Elle sort.*)

SCENE XIV.

MICHEL, *seul.*

Eh ! mais, elle vous parle avec une assurance....
Je ne croirai jamais un tel événement;
Non.

SCENE XV.

MICHEL, RIGOLOT.

MICHEL.

Vous ne savez pas le bruit que l'on répand..
Cet étranger à qui nous donnons un asyle
Ma sœur prétend que c'est... Je vous le donne en mille.

RIGOLOT.

Quoi donc ?

MICHEL.

Un prisonnier, récemment échappé.

RIGOLOT.

Là, mon instinct encor ne m'a donc pas trompé?

SCENE XVI.

MICHEL, RIGOLOT, MARGUERITE, ROSE.

ROSE.

Ce que ma tante dit, serait-il vrai, mon père?
Ce jeune homme serait un prisonnier de guerre?

MARGUERITE.

Eh! oui, par sa fenêtre, hier il a sauté;
Voilà le fait, voilà comme on me l'a conté.

RIGOLOT.

Je comprends, il s'est fait une espèce d'échelle.

MARGUERITE.

Sans doute : enfin, voyez ce plan de citadelle,
Et puis ces instrumens qui me sont inconnus.

RIGOLOT.

On ne peut plus douter après les avoir vus :
C'est un ingénieur, je gage; à sa sortie,
Il aura procédé par la géométrie.

MICHEL.

Vous croyez qu'il aurait......

RIGOLOT.

Apprenez que de tout
L'algèbre et le dessin peuvent venir à bout.

ROSE.

Et quand cela serait, respectons sa misère;
Plus d'un Français, hélas! est prisonnier de guerre.
Eh bien! traitons Prosper dans sa captivité,
Comme nous voudrions qu'un Français fût traité.

RIGOLOT.

Doucement, tout dépend d'une sage conduite;

Un méchant homme irait dénoncer tout de suite.

MICHEL.

Je ne livrerai point l'homme que j'ai reçu.

RIGOLOT.

Ah ! je n'en doute pas, votre cœur m'est connu ;
Mais sur l'humanité, que la raison l'emporte,
Voisin, hâtez-vous donc de le mettre à la porte.

ROSE.

Ce pauvre malheureux !

MARGUERITE.

Il s'éveille, je croi.

MICHEL.

Comment ! le renvoyer ! il a compté sur moi.

RIGOLOT.

Laissez-moi lui parler, je sais comment m'y prendre.

SCÈNE XVII.

MICHEL, RIGOLOT, PROSPER, MARGUERITE, ROSE.

PROSPER.

PEUT-ÊTRE pour souper je vous ai fait attendre ?
Ma foi, j'avais besoin d'un instant de repos.
Enfin, grâce à vos soins, me voilà frais, dispos,
Et, quand il vous plaira, nous nous mettrons à table.
Vous voyez, je vous parle en ami véritable.

RIGOLOT.

Ainsi vous dites donc que vous n'êtes plus las ?

PROSPER.

Ah ! mon dieu, plus du tout.

RIGOLOT.

C'est charmant : en ce cas

Ne pourriez-vous ce soir. . . . .
(*Il lui fait signe de sortir en lui montrant la porte.*)
Vous voulez que je sorte.

RIGOLOT.

C'est ça.

PROSPER.

Si vous m'aviez tantôt fermé la porte,
Passe : je m'en serais à l'instant consolé ;
Mais vous me retenez, je suis presqu'accablé,
Par vous, d'attentions, de soins, de prévenance ;
Déjà mon ame s'ouvre à la douce espérance
De compter ici bas quelques amis de plus,
Et puis, vous me chassez !

RIGOLOT.

Nous sommes bien confus ;
Mais l'on peut nous chercher chicane par la suite.

PROSPER.

Pourquoi ?

RIGOLOT.

N'êtes-vous pas un prisonnier en fuite ?

PROSPER.

Plait-il ? un prisonnier ?

RIGOLOT.

Voyez-vous, il rougit.

PROSPER.

Ah ! ça, vous plaisantez, ou vous perdez l'esprit.
D'où peut donc vous venir cette bizarre idée ?

RIGOLOT.

Sur des faits bien constans, sachez qu'elle est fondée.

PROSPER.

Il serait mal-aisé, je crois, de les prouver.

RIGOLOT.

Oh ! parmi vos effets, ce qu'on vient de trouver.

PROSPER.

Quoi, mon paquet ouvert ! De quel droit, je vous prie ?

MICHEL.

De quel droit en effet ? C'est une perfidie.

ROSE.

(A Marguerite, à part.)
Ma tante, il a raison.

RIGOLOT.

De quel droit ? C'est du fait
Qu'il s'agit, non du droit.

PROSPER.

N'avez-vous en effet,
Que pour en abuser, surpris ma confiance ?
Oui, sans doute, indigné d'une pareille offense,
Je devrais vous quitter.... mais, je sens que mon cœur
Vous excuse, et conserve encor l'espoir flatteur
De former avec vous une amitié durable.
(A Michel, en regardant Rose.)
C'est que vous m'avez l'air vraiment d'être estimable.
Non, vous ne portez point un cœur dur, méfiant,
Et je veux vous laisser des regrets en partant.
Quelle preuve avez-vous du fait dont on m'accuse ?
J'aurai bientôt détruit l'erreur qui vous abuse,
Et vous me chasserez après si vous voulez.
Voyons, me voilà prêt à répondre ; parlez.

MICHEL.

(A Rigolot.)
Il a pour un coupable une grande assurance.

RIGOLOT.

Mon dieu, ne crions pas encore à l'innocence.
(à Prosper.)
J'accepte le défi. Sans partialité,
Produisons chaque preuve ; et, de votre côté,
A la preuve produite opposez vos repliques.
A quoi bon cet étui ?

PROSPER.

Mais, aux mathématiques.

RIGOLOT.

Je sais. Vous êtes donc ?....

PROSPER.

Peintre ; et dix fois par jour
L'équerre et le compas me servent tour à tour.

RIGOLOT.

Mais, ce dessin ?

PROSPER.

Eh bien !

RIGOLOT.

C'est une forteresse ;
C'est elle dont hier vous avez eu l'adresse
De sortir.

MICHEL.

C'est ainsi, quand on en veut aux gens,
Qu'à la plus simple chose on donne un mauvais sens.

PROSPER.

J'étais loin, en traçant tantôt ce paysage,
De craindre qu'il portât contre moi témoignage.

RIGOLOT.

Eh ! mais, vous nous cachez votre état, vos projets ;
Comment sur vous aussi n'être pas inquiets ?

MARGUERITE.

Pour nous tranquilliser, ne sauriez-vous nous dire,
Pourquoi vous voyagez ? Nous ne pouvons vous nuire ;
Nous nous tairons d'ailleurs.

ROSE, *vivement.*

Oh ! je vous le promets.

RIGOLOT.

Allons, révélez-nous franchement vos secrets ;
Un honnête homme gagne à se faire connaître.
Que sait-on ? mes conseils vous serviront peut-être ;
Vous pouvez vous fier à Michel comme à moi.
Mais sa fille et sa sœur vous gênent, je conçoi ;
Vous craignez leur malice ou bien leur médisance.

PROSPER.

Non : je ne parlerais pas plus en leur absence :
Je pourrais vous forger quelque conte à plaisir,
Mais je sais bien me taire, et ne sais pas mentir.
Ne me pressez donc pas, de grâce, davantage :
Je veux, je dois cacher le but de mon voyage.
Mais le signalement du prisonnier enfui
Est sans doute par-tout. Vous me prenez pour lui.

Dans ce village il est quelque juge peut-être :
Devant ce juge, moi, je demande à paraître.
Sur mon compte bientôt vous serez rassurés.

MICHEL.

(*A Rigolot*). (*A Prosper*).
Serai-je maître ici? Chez moi vous resterez.
Ne poussez pas plus loin cette odieuse enquête,
Elle me fait rougir. J'aime à vous croire honnête.
Mais, qui que vous soyez, j'ai dû vous recueillir,
Et qui que vous soyez, je dois vous retenir.

MARGUERITE.

Mais quel est-il enfin?

ROSE.

Que nous importe? il reste.

MARGUERITE.

Pour moi, j'en suis ravie aussi je le proteste.

PROSPER, *prenant la main de Michel.*

Vous faites-là, brave homme, une bonne action.

RIGOLOT.

Bien, Michel, je me range à votre opinion.
Chacun doit se mêler de ce qui le regarde.
(*A Marguerite.*)
Ma voisine, entre nous, vous êtes trop bavarde;
Et je ne sais pourquoi je fus si complaisant,
Que de le soupçonner avec vous un instant.
C'est que vous tous aussi, vous êtes si crédules!

MICHEL.

C'est ma sœur qui répand ces contes ridicules.

MARGUERITE.

C'est d'après Rigolot que je parlais vraiment.

RIGOLOT.

Oui, j'en conviens; mais, moi, je parlais vaguement.

PROSPER.

Ainsi c'est un ruissau qui retourne à sa source,
Grossi de tous les flots rencontrés dans sa course.

MICHEL.

Pour deviner les gens, vous avez de bons yeux,
Mon voisin ; mais, malgré ce talent précieux,
Attendez pour parler que les choses soient sûres.

PROSPER, *à part.*

Le voisin Rigolot aime les conjectures,
Fort bien : suivant son goût je m'en vais le servir.
(*A Rigolot.*)
Cher Barbier, il faudrait plus long-tems réfléchir
Et ne pas vous fier à la simple apparence ;
Elle trompe souvent beaucoup plus qu'on ne pense ;
Et par exemple ici....

RIGOLOT, *avec un air étonné.*

Quoi ?

PROSPER.

C'est sur son auteur,
Que retombent toujours les suites de l'erreur.

RIGOLOT.

Quel ton grave !

PROSPER.

A propos, mon cher, dans ce village
N'a-t-on pas vu ce soir, passer un équipage,
Des chevaux, des valets ?

RIGOLOT.

Je n'ai rien vu.

MARGUERITE.

Ni moi.

PROSPER.

Ils tardent bien.

RIGOLOT.

Comment ?

PROSPER.

Quelques troupes, je croi,
Psasent par cet endroit pour gagner la frontière ?

RIGOLOT.

Mais une compagnie a logé toute entière,
Hier, ici.

MICHEL.

J'avais, pour ma part, deux soldats,
Et je leur ai conté, ma foi, tous mes combats.
C'est que j'aime à causer avec mes jeunes frères.

PROSPER.

Ce sont de braves gens que tous ces militaires.

RIGOLOT.

Ah! oui. De je ne sais quel officier absent,
Tous ceux d'hier faisaient l'éloge à chaque instant.

PROSPER.

Je le crois, ils ont tous de si bons cœurs.

RIGOLOT, *avec l'air d'un homme qui cherche à pénétrer.*

Oh! diable!

PROSPER.

Laissons cela.

MICHEL.

Sans doute : allons nous mettre à table,
Voilà le plus pressé.

RIGOLOT.

Fort bien, mais en soupant,
Examinons; ceci me paraît important.

(*Il sort avec Michel.*)

PROSPER, *à part.*

Ce vieillard est si franc, sa fille si jolie!
Toi pour qui je voyage, un moment je t'oublie;
Pardon. Te trouverai-je encor dans mon pays?
Hélas! pour me chercher, tu marches vers Paris,
Peut-être, quand vers toi j'accours moi-même.

ROSE.

Qu'est-ce?
J'apperçois, dans vos yeux, des marques de tristesse.

PROSPER.

Pardon, Rose.

MARGUERITE.

Allons donc, on vous attend tous deux.

ROSE.

Mais c'est qu'il était là pensif et sérieux.

MARGUERITE.

Et pourquoi donc?

PROSPER.

Pour rien ; allons souper, ma tante.

MARGUERITE.

Sa tante ; en vérité, ce jeune homme m'enchante.

Fin du premier Acte.

ACTE II.

SCENE PREMIERE.

MARGUERITE, RIGOLOT.

RIGOLOT, *une serviette à sa boutonnière.*

CHÈRE voisine !

MARGUERITE.

Eh ! bien ?

RIGOLOT.

Pour causer avec vous,
Je quitte le souper. Il est clair entre nous,
Que ce Prosper n'est pas le prisonnier en fuite.
Mais ne serait-il pas l'officier de mérite,
Dont ces soldats faisaient un éloge si beau ?

MARGUERITE.

Oui, cherchez-nous encor quelque conte nouveau ;
Mais cette fois du moins vous n'aurez pas la gloire,
Comme l'autre, voisin, de nous en faire accroire.

RIGOLOT.

Oh ! parce qu'une fois je me suis trop pressé,
N'allez-vous pas déja me traiter d'insensé ?
N'est-ce rien, s'il vous plaît, que ces mots d'équipage
Qui lui sont échappés ? Et puis sur le passage
Des troupes, avez-vous saisi sa question ?
Puis à se taire après son affectation ?

MARGUERITE.

Ce jeune homme serait ce brave militaire ?

RIGOLOT.

Et pourquoi pas, voisine ?

MARGUERITE.

Eh ! mais, alors, mon frère,
Par sa protection pourrait bien s'avancer.
Il faut auprès de lui chercher à le placer.

RIGOLOT.

Ah! ne voilà-t-il pas que votre esprit travaille ?
Et quand vous l'auriez vu sur le champ de bataille...
Je le rejoins. Ceci cache un mystère en soi,
Ou je ne suis qu'un sot. Or, entre un sot et moi,
Ma voisine, je puis sans trop de confiance
Dire qu'il est encore un peu de différence. (*Il sort.*)

SCENE II.

MARGUERITE, *seule.*

PAS possible. Pour Rose, il soupire tout bas.
Or, un riche officier pourrait-il ?... pourquoi pas ?
Mon frère est honnête homme, et sa fille est jolie.
A de si braves gens, trop heureux qui s'allie.

SCENE III.

ROSE, MARGUERITE.

MARGUERITE.

C'EST toi, ma nièce? enfin nous tenons son secret.

ROSE.

D'après ce qu'il a dit en soupant, en effet,
Son état se devine, et me voilà certaine,
Que c'est un militaire.

MARGUERITE.

Au moins un capitaine.

ROSE.

J'oserais bien gager que c'est un colonel.
De je ne sais quel siége, il parlait à Michel,
En homme qui de près avait vu l'escalade.

MARGUERITE.

Il est mieux que cela. C'est un chef de brigade,
Ou je suis bien trompée.

ROSE.

On nous blâmait pourtant
De l'aimer, quand d'ailleurs c'est un homme charmant.

MARGUERITE.

Mais c'est qu'on n'a pas plus d'esprit, de connaissances.

ROSE.

Comme avec le barbier il a parlé finances!

MARGUERITE.

Dans la tactique il est profondément versé;

ROSE.

Il parlait à mon père en soldat exercé.

MARGUERITE.

Puis avec moi causant des détails du ménage....

ROSE.

Il s'est trouvé parler à chacun son langage.

MARGUERITE.

Avec toi seulement, ma chère, il se taisait.

ROSE.

Oui.

MARGUERITE.

Mais en se taisant, comme il te regardait!

ROSE.

Ah! moi, je ne crois pas beaucoup à sa gaîté,
Je l'ai vu là tantôt, il semblait agité.

MARGUERITE.

C'était d'amour pour toi.

ROSE.

Son ame était pensive.

MARGUERITE.

C'est qu'il sait allier à la gaîte naïve
La sensibilité....

ROSE.

Voilà nos gens enfin.

SCÈNE IV.

RIGOLOT, PROSPER, MARGUERITE, ROSE.

RIGOLOT, *à Prosper.*

GÉNÉRAL, vous voulez vous déguiser en vain ;
Les hommes comme vous, de talent, de courage,
Ont un je ne sais quoi dans leur air, leur langage,
Qui les trahit..... Enfin vous êtes découvert.

MARGUERITE, *à Rose.*

Général, voyez-vous ! le général Prosper ;
J'ai lu plus d'une fois ce nom dans la gazette.

ROSE.

Quoi, si jeune, il serait.....

MARGUERITE.

Et sa jeunesse est faite,
Je crois, pour lui donner encor bien plus de prix.

RIGOLOT.

Confiez-vous à nous comme à de vrais amis,
Général.

PROSPER.

Si par moi la chose est confirmée,
Si je dis que je suis général d'armée,
Cela vous fera donc un grand plaisir ?

RIGOLOT.

Eh ! mais,
Pourriez-vous en douter ? Combien j'apprécierais,
Pour ma part, un secret d'une telle importance :
Ne vous obstinez pas à garder le silence.

PROSPER.

Je suis donc général, puisque vous le voulez.

RIGOLOT.

Soyez sûr du secret que vous nous révélez ;
Des murs de ce logis ne craignez pas qu'il sorte.

PROSPER.

C'est comme je l'entends.

RIGOLOT.

Je sens comme il importe
De cacher ce voyage, à pied, seul, sans éclat;
Peut-être qu'il y va du salut de l'état.
Une opération savante et militaire
Vous occupe, pas vrai? Ces dames, je l'espère,
Se tairont, n'est-ce pas? Pour Michel, il suffit,
J'en réponds; c'est qu'il a quelque tact dans l'esprit.

PROSPER.

Oh! diantre! on s'apperçoit qu'un homme de mérite,
Tel que vous, le dirige en toute sa conduite.

RIGOLOT.

Oh! ce nom ne convient qu'à vous, à vos pareils,
Mais il s'est assez bien trouvé de mes conseils.
D'accord.

MARGUERITE.

Le général se connait en grands hommes,
Et vous êtes du nombre.

SCÈNE V.

Les mêmes, MICHEL, *entre et écoute.*

MARGUERITE.

Or, puisqu'enfin nous sommes
Assez favorisés du ciel pour posséder
Un hôte précieux, j'oserai demander
A notre général une grace légère.

PROSPER.

Et quelle grâce, encore, expliquez-vous.

MARGUERITE.

Mon frère
Est digne d'occuper quelque poste je croi.

MICHEL.

Eh! mais, que voulez-vous que l'on fasse de moi?

MARGUERITE.

Comment! ce que je veux? mais je veux qu'on vous fasse,
Commandant, gouverneur de quelque forte place.

PROSPER.

Un soldat tel que vous, brave et loyal guerrier,
Tout général serait heureux de l'employer.

RIGOLOT.

Vous n'avez pas la moindre idée en politique :
Nous étions occupés de la chose publique,
Mais vous ne pensez, vous, qu'à vos seuls intérêts.
Auprès du général, faites comme je fais.
J'ai bien une demande à faire pour mon compte,
Mais de l'importuner, moi, j'aurais vraiment honte.

PROSPER.

Et pourquoi donc? parlez.

RIGOLOT.

J'ai peu d'ambition;
Cependant, comme il faut saisir l'occasion....
Je ne veux point pour moi qu'on déplace personne;
Mais par votre moyen, s'il se peut, qu'on me donne
D'officier de santé quelque poste vacant.

PROSPER.

D'officier de santé! cher barbier, c'est vraiment
Ce qui vous conviendrait; car il serait dommage,
Qu'un homme comme vous restât dans un village.

RIGOLOT.

Oh! si je croyais être utile, assurément,
Je n'hésiterais pas; mais pour finir gaîment
Cette heureuse soirée, acceptez, je vous prie,
Mon général, un doigt d'une vieille eau-de-vie
Que pour mes vrais amis je réserve avec soin.

PROSPER.

Bien dit.

RIGOLOT.

Pour la chercher, je n'irai pas bien loin.

PROSPER.

Allez, cher Rigolot.

RIGOLOT.

Je vous ferai connaître
En buvant, certain plan qui vous plaira peut-être.
(*Il sort.*)

SCÈNE VI.

Les mêmes, excepté RIGOLOT.

PROSPER.

Eh bien ! peut-on jouer son rôle mieux que moi ?
Le docteur Rigolot est dans la bonne foi.
Me voilà général.

MARGUERITE.

Comment ? C'est une fable ?

PROSPER.

Très-fort, auriez-vous cru la chose véritable ?

MARGUERITE.

Non pas : mais je doutais.

ROSE.

Quoi, c'est faux ? Ah ! tant mieux.
Simple artiste, il en est plus aimable à mes yeux.

PROSPER.

Le barbier, d'observer les gens a la manie ;
Moi, j'ai voulu donner carrière à son génie.
Si du peintre il était l'ennemi déclaré,
Il est du général l'admirateur outré.
Mais je croirais manquer à la reconnaissance,
Si je ne vous mettais, vous, dans la confidence.

MICHEL.

Au diable ce barbier, qui deux fois dans un jour...
Mais vous lui jouez-là, sur mon ame, un bon tour ;
A rire à ses dépens, aussi je me prépare.

MARGUERITE.

C'est bien fait, moquez-vous de cet esprit bizarre.
Mais enfin à Limeuil, qu'allez-vous donc chercher ?

MICHEL.

Ne vous a-t-il pas dit qu'il voulait le cacher ?

ROSE.

Et notre hôte eut raison tantôt de ne rien dire,
Lorsque de ses projets nous voulions nous instruire,
Car cela nous était alors indifférent.
Je crois qu'il n'en est plus de même maintenant.
Une amitié réelle entre vous deux commence ;
Or, l'amitié jamais ne va sans confiance.

MARGUERITE.

C'est cela. Nous avons droit à votre secret.
La curiosité tantôt nous excitait,
D'accord. Mais à présent, c'est l'amitié, l'estime.

ROSE.

Oui, c'est un intérêt bien tendre qui m'anime...
Qui nous anime tous. Au moins, assurez-nous
Que ce secret n'a rien de dangereux pour vous.
Si de votre bonheur nous avons l'assurance,
Nous vous pardonnerions encore votre silence.

PROSPER.

Que ce tendre intérêt est fait pour me toucher !
Dans le vôtre, mon cœur demande à s'épancher.
Ne m'interrogez plus, je céderais peut-être,
J'aurais parlé déja, si j'en étais le maître.
C'est le secret d'autrui ; je dois le respecter.
Sur moi, cessez d'ailleurs de vous inquiéter ;
Mon voyage pour moi n'a rien que d'honorable.

ROSE.

J'aime cette réserve.

MARGUERITE.

Elle est fort estimable,
Mais vos secrets long-tems seront-ils ignorés ?

PROSPER.

Pardon, voilà de moi tout ce que vous saurez.

MICHEL.

Bien. Garder un secret, c'est la seule science
Qui doive nous gagner par-tout la confiance.
Touchez-là, mon ami, votre discrétion

Me donne encor de vous meilleure opinion.

ROSE.

Chut! Rigolot revient.

SCÈNE VII.

LES PRÉCÉDENS, RIGOLOT.

RIGOLOT, *versant à boire à Prosper.*

Jusqu'au fond de ma cave
Il m'a fallu chercher. Goûtez cela, mon brave.

PROSPER, *après avoir goûté.*

Excellente, ma foi!

RIGOLOT.

Peste! j'en étais sûr.
Je suis tout essoufflé. C'est du Cognac tout pur.
Permettez, général, qu'on boive à votre gloire.
Puisse sous vos drapeaux se fixer la victoire!

PROSPER.

Mais aidé des conseils du docteur Rigolot,
Je serais bien certain....

RIGOLOT.

Allons donc.

MICHEL, *à part.*

Pauvre sot.

RIGOLOT, *déployant une carte géographique.*

Or, maintenant, causons, et que je vous détaille
Une combinaison sur certaine bataille;
Je vois loin quelquefois.

MICHEL.

C'est ce que je disais.
Il voit si loin, si loin, qu'il ne voit rien de près.
(*Tout le monde se met à rire.*)
Par exemple, à présent, voyez-vous qu'on vous raille?

RIGOLOT.

Plaît-il?

MICHEL.

Voisin, serrez votre plan de bataille ;
Peut-être une autre fois le placerez-vous mieux ?

RIGOLOT.

Comment donc ?

PROSPER.

Je ne suis pas plus ambitieux
Que vous, mon cher barbier ; le titre magnifique
De général par vous m'était donné. J'abdique.

RIGOLOT.

Mais je ne conçois pas....

MICHEL.

Artiste ou général,
Vous êtes un brave homme, et c'est le principal.

PROSPER.

Un carosse public, je crois, par ici passe....

MARGUERITE.

Demain, et l'on est sûr d'y trouver de la place.

PROSPER.

Eh bien ! pour cultiver demain un petit champ,
Il vous manque un garçon, disiez-vous en soupant.
Michel, un laboureur de Limeuil fut mon père,
Et je sais, grace à lui, travailler à la terre ;
Pour demain, de bon cœur je vous offre mon bras ;
Mon travail envers vous ne m'acquittera pas.
Mais qu'il me sera doux d'être un moment utile
A l'homme à qui je dois ce généreux asyle !

MICHEL.

Soit.

RIGOLOT.

Vous étiez pressé ?

PROSPER.

Demain soir je prendrai
Ce carosse public, et je regagnerai
Un tems, qu'il s'en faudra beaucoup que je regrette.
Je reviendrai bientôt revoir cette retraite.
Pourquoi suis-je forcé de hâter mon départ ?
Mais je ne pense pas qu'il se fait déja tard.

Cher barbier, je vous fais mon humble révérence,
Bien enchanté d'avoir fait votre connaissance.

MICHEL.

Bon soir, Prosper. Je vois que nous serons amis,
En vous parlant, je crois que je parle à mon fils.

PROSPER.

Quel nom vous me donnez? Ah! dans cette demeure,
Que ne m'est-il permis....

MICHEL.

A demain de bonne heure.
(*Prosper sort.*)

SCÈNE VIII.

RIGOLOT, MICHEL, MARGUERITE, ROSE.

MICHEL.

Eh bien! qu'est-ce, voisin, vous voilà tout confus?

RIGOLOT.

Observe qui voudra, je ne m'en mêle plus.

MARGUERITE.

Vous ferez aussi bien, si vous voulez m'en croire.

MICHEL.

Pourquoi donc? il y va, voisin, de votre gloire.
Vous vous êtes déja ce soir trompé deux fois;
Parbleu! vous pouvez bien passer jusques à trois.

RIGOLOT.

A mes dépens encor il n'est pas tems qu'on glose;
Il n'est pas général, mais il est quelque chose;
Et si je voulais bien.... Bon soir, mon cher voisin,
Je vous en donnerai des nouvelles demain.
Mes études auront une plus sûre base;
Demain, je saurai tout, si c'est moi qui le rase.
(*Il sort avec Michel.*)

SCENE IX.

MARGUERITE, ROSE.

MARGUERITE.

Avec tout son esprit, le barbier n'est qu'un sot.
Quant à moi sur cela, je ne dis qu'un seul mot.
Prosper, quelque pressé qu'il soit dans son voyage,
Pourra ne pas quitter demain notre village.
Oh! moi, je n'ai sur lui qu'un soupçon, grace au ciel,
Mais beaucoup mieux fondé, beaucoup plus naturel
Que tous ceux du barbier.

ROSE.

Quel est-il?

MARGUERITE.

C'est qu'il t'aime.

ROSE.

Bon!

MARGUERITE.

Et que tu n'es pas loin de l'aimer toi-même.

ROSE.

L'aimer, ma tante! moi! Quand on le soupçonnait,
Nous avons pris à lui, tous, le même intérêt.

MARGUERITE.

Dans le fond de ton cœur, mieux que toi je sais lire;
Conviens qu'un charme heureux dans ses discours respire.
De l'amant dont tantôt tu faisais le portrait,
Je crois que dans Prosper tu trouves plus d'un trait.

ROSE.

Eh! bien, oui, je l'avoue; et si son caractère....
Je rougis de l'aveu que je m'en vais vous faire.

MARGUERITE.

A ta meilleure amie ose tout découvrir.

ROSE.

Ma tante, gardez-vous sur-tout de me trahir.
Oui, d'une émotion qui m'était inconnue,
Je me sentis frappée à sa première vue.

Sur mon front je sentis une prompte rougeur ;
Je sentis vers le sien qu'il attirait mon cœur.
Si vous saviez combien cette subite flamme
Porte à-la-fois de charme et de trouble en mon ame !
Prosper est honnête homme, ou du moins je le croi ;
J'en suis certaine même : il est digne de moi.
Mais a-t-il pu rester insensible ? À cet age !
Au milieu de Paris ! Que dis-je ? ce voyage !
Quelque tendre penchant n'en est-il pas l'objet ?
Oui, l'amour seul le guide, et voilà son secret.

MARGUERITE.

Eh ! non, il n'est pour rien, dit-il, en cette affaire.

ROSE.

Pourquoi donc, en ce cas, nous en faire un mystère ?

MARGUERITE.

Va, livres-toi sans crainte à ce naissant amour ;
Ma nièce, il est payé du plus tendre retour.
Je m'y connais un peu : ce jeune homme t'adore.

SCÈNE X.

LES PRÉCÉDENS, MICHEL.

MICHEL.

ROSE ! Rose ! ma sœur !

ROSE.

Et qu'est-ce donc encore ?

MICHEL.

Vous allez le savoir : mes chers enfans, ce soir,
Une jeune personne encore à recevoir,
Une bonne action pour nous encore à faire.
J'allais chez Rigolot reprendre ma lumière ;
Je trouve en mon chemin, la voisine Babet
Avec une étrangère ; elle nous l'amenait.
« Michel (lui disait-elle) est humain, charitable ;
« Sa maison offre un gîte aussi sûr qu'agréable.
« Enfin tous les passans qui s'arrêtent ici,
« C'est lui qui les reçoit. — Voisine, grand merci,

« Je m'applaudis qu'ainsi ma maison soit connue »
Lui dis-je. « Et quant à vous, soyez la bien venue. »
Pour vous en prévenir, moi, j'ai pris les devants.
C'est une jeune femme, elle n'a pas seize ans;
Elle voyage à pied, elle s'est égarée
Au milieu de ces bois, et ce n'est qu'à l'entrée
Du hameau, qu'elle a pu respirer un moment;
C'est qu'elle n'est pas seule; elle porte un enfant,
Son fils qu'elle nourrit.

ROSE.

Vraiment?

MICHEL.

Elle est charmante,
Et cet enfant la rend encore intéressante.

ROSE.

Je cours au devant d'elle.

MARGUERITE.

Et moi donc, quel bonheur!
Une femme! un enfant! un jeune voyageur!

MICHEL.

Et sans doute, allez donc.

(*Marguerite et Rose sortent en courant.*)

SCENE XI.

MICHEL, *seul.*

C'est qu'elle est fort jolie.
Puis elle a dans ses traits une mélancolie,
Un certain air touchant, d'abandon, de langueur,
Ma foi, son seul aspect m'a touché jusqu'au cœur.

SCENE XII.

MICHEL, ROSE, PAULINE.

ROSE, *amenant Pauline.*

ENTREZ, ma chère enfant.

MICHEL.

Elle est toute tremblante.

PAULINE.

Mon fils ! . . . .

ROSE.

Ne craignez rien, il est avec ma tante.

PAULINE.

Puisque de me garder vous avez la bonté,
Voici tous mes papiers ; en toute sûreté,
A la pauvre Pauline on peut donner asyle.

MICHEL.

Non, votre passe-port, ma chère, est inutile.
Serrez tous ces papiers ; ils sont fort bons, je croi,
Vous pouvez les garder pour d'autres que pour moi.

PAULINE.

Mais mon fils ! . . . .

SCENE XIII.

LES PRÉCÉDENS, MARGUERITE, *portant un petit berceau d'enfant.*

LE voilà ! Déja mère à votre âge !

MICHEL.

Vous êtes, en effet, de bonne heure en ménage :
Cela me fait plaisir. Allons, dans peu de tems,
Vous verrez les enfans de vos petits-enfans.

PAULINE.

Eh ! mon dieu ! nous allons vous causer une peine !

MICHEL.

Point. Obliger les gens, jamais cela ne gêne.

ROSE.

Quand vous le voudriez, nous ne souffririons pas
Que plus loin, cette nuit, vous fissiez un seul pas.

MARGUERITE.

Croyez-vous doncqu'on n'ait point de sang dans les veines?
Oh ! de qui que ce soit, je ne puis voir les peines,
Dieu merci, sans le plaindre et sans le secourir.
Nous voudrions avoir un lit à vous offrir.
Une chambre en ces lieux de tout tems fut gardée
Aux pauvres voyageurs : on vous a précédée ;
C'est un jeune étranger qui l'occupe, sans quoi...

ROSE.

Eh ! mais, sur un fauteuil, je serai fort bien, moi,
Et ma chambre et mon lit, tout est à vous.

MICHEL.

Bien, Rose.

PAULINE.

Je n'accepterai pas ce que l'on me propose.

ROSE.

Ai-je fait un chemin pénible comme vous ?
Eh ! mon dieu, mon sommeil, n'en sera pas moins doux.

MARGUERITE, *examinant l'enfant.*

De sa mère déja c'est le portrait fidèle.

PAULINE.

Puisse-t-il être un jour moins infortuné qu'elle !

MICHEL.

Vous pleurez, mon enfant, vous avez des chagrins.
Croyez que de bon cœur, ma chère, je vous plains.

MARGUERITE, *trouvant un portrait sur l'enfant et le reconnaissant.*

Ah ! ah ! que vois-je, ô ciel ! Voici bien autre chose,
(*à part.*)
Ne nous trahissons pas, et sur-tout devant Rose.

(*Remettant le portrait à Pauline.*)

Tenez, sur votre enfant j'ai trouvé ce bijou.

PAULINE, *le mettant dans sa poche.*

En jouant, il l'aura détaché de son cou.

MICHEL.

Peut-on vous demander où vous allez, ma chère ?

PAULINE.

Hélas ! pour soutenir et l'enfant et la mère,
Il me faut à mon fils donner un compagnon,
Et je vais à Paris chercher un nourrisson.

MICHEL.

Si loin ! mais oubliez tout ce qui vous chagrine.
Songez à votre enfant, songez à vous, Pauline ;
Vous avez aujourd'hui fait beaucoup de chemin,
Peut-être, vous devez être lasse, avoir faim ;
Venez vous reposer, vous verrez que nous sommes
Vraiment de bonnes gens.

PAULINE.

Il est donc chez les hommes
Encor quelque pitié. Je respire.

MICHEL.

Du cœur,
Mon enfant, on n'est pas toujours dans le malheur.
Votre sort changera.

ROSE.

Son organe est si tendre,
Que sans émotion je ne saurais l'entendre.

(*Rose sort avec Pauline qui emporte son enfant.*)

MICHEL, *les suivant.*

Comment ! deux voyageurs ! en un jour ! par ma foi !
Michel, cette aventure est heureuse pour toi.

SCENE XIV.

MARGUERITE, *seule.*

Je ne puis revenir de ma surprise extrême ;
Car enfin, ce portrait, c'est Prosper, c'est lui-même.
Le portrait de Prosper, au cou de cet enfant !...
Que peut signifier ce rapport étonnant ?
Je le cherche, et n'y puis rien concevoir encore ;
Taisons-nous, il est tard, ce soir, mais dès l'aurore,
Eveillons-nous demain, et courons aussitôt
Consulter là-dessus le voisin Rigolot.
(*Elle emporte la lumière qui est sur la table.*)

Fin du second Acte.

ACTE III.

SCÈNE PREMIÈRE.

RIGOLOT, MARGUERITE.

MARGUERITE.

Le portrait de Prosper vous dis-je, j'en suis sûre,
Je l'ai bien reconnu. Qu'en pouvons-nous conclure ?
Pour moi, de ce rapport, voisin, je perds l'esprit,
Et je n'ai pas fermé l'œil de toute la nuit,

RIGOLOT.

Quant à moi, je n'y vois qu'une chose fort claire,
Prosper est le mari de la jeune étrangère,
C'est évident.

MARGUERITE.

Comment ?

RIGOLOT.

Ce sont les deux époux,
J'en réponds. La petite est fort bien, dites-vous ?
Un amour mutuel a fait leur mariage ;
Elle est triste, elle pleure, ils font mauvais ménage.
Trop souvent de l'amour l'hymen éteint les feux.
L'époux a précédé sa femme dans ces lieux ;
Pour un nouvel objet monsieur quitte madame,
Ou bien c'est un galant qui lui souffle sa femme.
Ne les connaissant pas, je ne puis prononcer :
Mais ils sont tous les deux faits pour intéresser.
C'est sans doute le ciel ici qui les envoie ;
A les concilier, il faut que je m'emploie.

MARGUERITE.

Oui, c'est un vrai service à leur rendre.

RIGOLOT.

Mon dieu,
Ce raccommodement nous coûtera bien peu.
Entre époux, vous savez, souvent on se querelle.

MARGUERITE.

Oui, je sais, pour un rien, pour une bagatelle;
Je l'ai trop bien appris avec feu mon mari.
Je sens ce qu'il valait depuis qu'il est parti;
Et tant qu'il a vécu, on eût dit que la haine...

RIGOLOT.

Mais dans ces lieux au moins évitons une scène;
De leurs premiers transports redoutons les effets,
Et de se rencontrer sur-tout empêchons-les,
Car cela ne ferait que hâter leur divorce;
C'est à se desirer qu'il faut que je les force.

MARGUERITE.

Oui, mais sans nuls délais, moi, je vais tout conter
A Michel, à sa fille.

RIGOLOT.

Et pourquoi vous hâter?

MARGUERITE.

Pauvre Rose! il s'en faut si peu qu'elle ne l'aime.

RIGOLOT.

Qu'elle ne l'aime! Qui? Ce jeune homme?

MARGUERITE.

Lui-même.

RIGOLOT.

Je m'en doutais. Eh! mais, en soupant, ce Prosper
Lui lançait des regards très-expressifs hier.

MARGUERITE.

Sans doute.

RIGOLOT.

Eh bien! voyez s'il est rien qui m'échappe.

MARGUERITE.

Presqu'autant qu'elle, hélas! un pareil coup me frappe.
Pour ce Prosper aussi j'avais de l'amitié,

Il la courtise, et c'est un homme marié !
Ah ! je vois là-dessous une scélératesse
Dont je veux garantir, au même instant, ma nièce.

RIGOLOT.

Qu'allez-vous faire ? O ciel ! Allons plus doucement,
Et ne la prévenons qu'avec ménagement.
Il faut un homme adroit et prudent, qui se garde
De rien précipiter . . . et cela me regarde.
Si Michel eût fermé sa porte hier . . . Le voici.

SCENE II.

MICHEL, RIGOLOT, MARGUERITE.

MICHEL.

Ah ! c'est vous, mon voisin, de si bonne heure ici ?

RIGOLOT.

Et c'est votre intérêt, mon voisin, qui m'éveille.

MICHEL.

Ah ! je vois, en dormant, vous aurez fait merveille :
Un songe, comme hier je vous le prédisais,
De Prosper, vous aura révélé les secrets.

RIGOLOT, *gravement.*

J'ai souvent souhaité qu'un père de famille,
Ayant à diriger et lui-même et sa fille,
Ou son fils, de prudence eût double portion.

MICHEL.

Voilà le premier point, sans doute, d'un sermon.

MARGUERITE.

Mon dieu ! vous n'avez pas si grand sujet de rire,
Mon frère.

MICHEL.

Et pourquoi donc ? Qu'avez-vous à me dire ?

RIGOLOT.

Homme trop confiant, vous le saurez bientôt.

SCÈNE III.

Les précédens, ROSE.

Rose.

Ah ! mon père, bon jour. C'est vous, cher Rigolot.
Nos voyageurs n'ont point encor paru, ma tante,
Convenez avec moi, que la femme est charmante.
Que le jeune homme.... Enfin, qu'ils sont intéressans.

Rigolot, *gravement.*

Ma fille, il est fort beau d'accueillir les passans ;
Mais que je crains pour vous, vous voyant si sensible !
La pitié trop souvent cache un piège terrible.
J'ai par elle, en mon tems, séduit plus d'un tendron ;
Aux femmes comme à Dieu, j'en demande pardon.

Michel.

Fort bien. Sermon au père et sermon à la fille ;
Vous en ferez, j'espère, à toute la famille.
Préparez-vous, ma sœur ; car voilà votre tour.

Rigolot, *à Rose qui rit.*

Oui, riez ; savez-vous ce que c'est que l'amour ?

Rose.

Eh ! mais, on me croirait quelque passion vile,
A vous entendre : allez, mon cœur est bien tranquille.

Michel.

Mais il faut s'expliquer.

Rigolot.

Vous le voulez ?

Michel.

Parbleu !

Rigolot.

J'y consens.

Rose.

Voyez donc.

Rigolot, *à Rose.*

Éloignez-vous un peu.

D...

ROSE.

Moi, que cela regarde.

RIGOLOT.

Eh ! mon dieu ! laissez faire :
J'ai deux mots en secret à dire à votre père.

MARGUERITE.

Tiens, les hommes, vois-tu? Le meilleur n'en vaut rien.
(*Elles se retirent toutes deux au fond du théâtre.*)

RIGOLOT, *mystérieusement.*

Cet étranger, par vous, hier, reçu si bien,
Il aime votre fille, et votre fille l'aime.

MICHEL.

Plaît-il?

RIGOLOT.

Suffit : pour moi, ce n'est plus un problême.

MICHEL.

Et quand cela seroit : voyons.

RIGOLOT.

Oh! pour le coup,
Votre sang froid est fait pour me pousser à bout.
Mais vous lui donnerez peut-être votre fille,
Sans connaître son bien, ses mœurs, ni sa famille.

MICHEL.

Il n'est pas tems d'aller aux informations,
Il ne m'a pas fait part de ses intentions.

RIGOLOT.

Et sans aller plus loin, moi, je vous certifie
Qu'il ne vous convient pas.

MICHEL.

Fort bien. Votre folie
Va briller de nouveau.

RIGOLOT.

Du tout. Ecoutez-moi :
Ce jeune homme est un peintre, il l'a dit, je le croi.
C'est ce dont aujourd'hui fort peu je m'embarrasse.
Mais il est marié, marié, dis-je, à qui?
A la jeune personne arrivée après lui.

MICHEL.

Mon voisin, j'ai mon champ à cultiver. J'ai honte
D'avoir tardé ; pourquoi ? pour écouter un conte ?
Sans adieu.

RIGOLOT.

Permettez.

MICHEL.

Eh ! laissez donc : ma sœur,
Vous direz, je vous prie, à notre voyageur,
(*A Rose.*)
Que je l'attends là-bas. Embrasse-moi, ma chère ;
Laisse jaser le monde, et ne crois que ton père.

(*Il sort.*)

SCENE IV.

RIGOLOT, MARGUERITE, ROSE.

RIGOLOT, *à Michel qui sort.*

FORT bien, je suis un fou qui parle sans savoir.
(*Tirant Marguerite à part.*)
Je vous suis. Empêchez les époux de se voir.
Du portrait découvert ne dites rien à Rose,
Je reviens ; mais je veux, avant toute autre chose,
Prouver au bon Michel qu'on sait ce que l'on dit.

(*Il sort.*)

SCENE V.

MARGUERITE, ROSE.

ROSE.

MA tante !

MARGUERITE.

Eh bien ! ma chère ?

ROSE.

A-t-il perdu l'esprit ?

MARGUERITE.

Hélas!

ROSE.

Plus que le sien votre ton m'épouvante..

MARGUERITE.

Pour ce jeune homme on craint ta passion naissante.

ROSE.

Hier, je ne pouvais jamais l'aimer trop tôt,
Selon vous.

MARGUERITE.

J'avais tort; j'ai su par Rigolot....

ROSE.

Quoi?

MARGUERITE.

Je dois le cacher.

ROSE.

Tenez, un tel langage
Me le ferait aimer encore davantage,
Si je l'aimais.

MARGUERITE.

Allons, tu l'aimes en effet;
Et s'il en aime une autre? hem!

ROSE.

Comment?... il paraît...,
C'est un point que l'on peut éclaircir tout de suite:
Je vais l'interroger.

SCENE VI.

MARGUERITE, ROSE, PROSPER.

MARGUERITE, *à part.*

RENVOYONS-LE bien vite;
Si sa femme survient, tout est perdu, grands dieux!

(*A Prosper.*)

Ah! vous voilà?

PROSPER.

Pardon, je suis un paresseux.

MARGUERITE.

Mon frère vous attend : près d'un vieil hermitage,
Son champ se trouve à gauche en sortant du village.

ROSE.

Comme vous le pressez!

PROSPER.

Je pars. Un mot. Hier
Vous parliez toutes deux d'un goût qui m'est bien cher.

ROSE.

Celui de la lecture.

PROSPER, *tirant un livre de sa poche.*

Oui, sans avoir un livre
Dans ma poche, je crois que je ne saurais vivre.
Celui-ci par hasard vous serait-il connu?
Ce sont les passions de Werther.

ROSE.

Je l'ai lu,
Mais je le relirai volontiers.

MARGUERITE, *prenant le livre.*

Moi de même.
Donnez donc et partez.

ROSE, *retenant Prosper.*

Ce Werther, comme il aime!

PROSPER.

On ne peut retenir ses pleurs en le lisant.

ROSE.

Peut-être vous avez éprouvé ce qu'il sent.
Un jeune artiste a-t-il à peindre quelque belle?
Il s'enflamme aisément, je crois, pour son modèle.

MARGUERITE, *à part.*

Voyons ce qu'il dira.

PROSPER.

Pour connaître l'amour,
Je sens que je suis né. Mais jusques à ce jour,
J'ai cherché vainement une amante, une femme,
Qui me convînt.

ROSE.

Vraiment?

MARGUERITE, *à part.*

Ah! le mensonge infâme!

PROSPER.

Mais mon cœur était libre hier en arrivant.

ROSE.

Il le sera sans doute encore en nous quittant.

PROSPER.

Ah! Rose!

ROSE.

Eh bien! Prosper!

MARGUERITE.

Partez.

PROSPER.

Je me retire.
J'aurais pourtant beaucoup de choses à vous dire;
Mais près de vous j'éprouve un trouble, un embarras;
Et quand je resterais, je ne les dirais pas.

ROSE.

Avant votre départ, on vous verra, j'espère?

PROSPER.

Oh! sans doute!... Je vais rejoindre votre père.

SCENE VII.

MARGUERITE, ROSE.

ROSE, *à part.*

De ce court entretien, mon cœur avait besoin,
Il n'a jamais aimé!

MARGUERITE.

Bon! le voilà bien loin.
Je tremblais qu'il ne vît cette jeune étrangère.
Respirons.

ROSE.

Et pourquoi?

MARGUERITE.

Pourquoi? c'est mon affaire.

Le perfide! fut-on jamais plus effronté!
Si jeune, il ment avec une intrépidité!

ROSE.

Et par quelle raison croire qu'il en impose?

MARGUERITE.

Ah! je juge autrement que toi, ma chère Rose,
D'après ce que je sais.... mais non, je ne sais rien:
Taisons-nous, j'apperçois Pauline.

SCÈNE VIII.

LES PRÉCÉDENS, PAULINE.

MARGUERITE.

Qu'elle est bien!
Les charmes, la douleur de la pauvre victime,
De Prosper à mes yeux doublent encor le crime.

ROSE.

Que parlez-vous de crime? en honneur je m'y perd.

MARGUERITE, *à part.*

Le portrait à son cou! ciel! tout est découvert.
Empêchons, s'il se peut, qu'il ne soit vu de Rose.

PAULINE, *elle a le portrait au cou.*

Excusez, je rougis des peines que je cause;
Mais avez-vous daigné...

MARGUERITE.

Vous m'avez dit. Je sais.
Un homme de chez vous chargé de vos effets,
Ce matin même doit passer par ce village,
Et j'ai chargé quelqu'un de guetter son passage.

ROSE, *appercevant le portrait.*

Ainsi vous attendrez... O ciel, que vois-je?

MARGUERITE.

à Pauline. *à Rose.*
Paix.
Vous nous ferez plaisir. Chut!

ROSE, *à part.*

Je le reconnais.

(*à Rose.*)
Sur ce portrait, garde le plus profond silence.
(*à Pauline.*)
Croyez que l'on chérit ici votre présence.
(*à Rose.*)
Devant elle sur-tout gardez de vous trahir.
(*à Pauline.*)
Plût à dieu que long-tems on pût vous retenir !
(*à Rose.*)
On veut les empêcher de se voir, et pour cause.
(*à Pauline.*)
Comment va ce matin votre enfant ?

PAULINE.

Il repose.

MARGUERITE.

Cher petit, n'est-ce pas qu'en vos cruels tourmens
Il vous console ?

PAULINE.

Ah ! oui, chaque jour je le sens.
Dans le malheur sur-tout il est doux d'être mère.

MARGUERITE.

Ma nièce aura bientôt cette douceur, j'espère.
Vous sentez bien qu'elle a beaucoup de soupirans.

PAULINE.

Ah ! sur-tout gardez-vous de croire à leurs sermens ;
Car dans ce monde, hélas ! on dirait que nous sommes,
Pour servir de jouet à la plupart des hommes.
Les fautes viennent d'eux, et la honte est pour nous ;
Pardon, si vivement je m'explique avec vous ;
Je pensais au malheur d'une bien tendre amie,
Qui fut par un ingrat indignement trahie.

MARGUERITE.

Avec vous de bon cœur je la plains.

ROSE.

Ce portrait
Que vous portez...

MARGUERITE, *à Rose.*

Paix donc.

ROSE.

Il me semble bien fait.

PAULINE.

Ce portrait m'est bien cher.

ROSE.

Je le crois ; c'est sans doute
Votre époux ?

PAULINE, *à part.*

Mon époux ? pour mentir, qu'il en coûte !

ROSE.

Le père de l'enfant...

PAULINE.

Le père ! hélas !

ROSE.

Eh bien ?

PAULINE.

Non... Oui... Pardon, il faut quitter cet entretien.
J'entends, je crois, mon fils qui s'éveille et qui pleure;
Excusez, je m'en vais revenir tout-à-l'heure.

SCENE IX.

MARGUERITE, ROSE.

MARGUERITE.

VOILA tout le secret. Eh bien ! avais-je tort ?
J'espère qu'à présent tu le hais aussi fort...

ROSE.

Ciel ! à qui se fier désormais ?

MARGUERITE.

A personne.
Délaisser une femme et si belle et si bonne !

SCÈNE X.

LES PRÉCÉDENS, RIGOLOT.

MARGUERITE.

AH ! voisin, elle vient de convenir ici
Que le portrait était celui de son mari.

RIGOLOT.

Eh bien ! de mes avis, sentez-vous la justesse ?
J'avais tort de vouloir guider votre jeunesse.

ROSE.

Est-ce bien son époux ? elle a dit oui, d'un ton
Bien faible, et qui voulait peut-être dire non.

MARGUERITE.

De la vérité pure elle avait le langage.

ROSE.

Si le portrait, enfin, n'est pas le sien.

MARGUERITE.

J'enrage ;
Le portrait est frappant.

ROSE.

A peu de chose près.
Deux hommes, tous les jours, ont même air, mêmes traits.

RIGOLOT.

Bien ! à douter du fait, soyez ingénieuse,
Et votre passion n'en est que moins douteuse.
Il existe un rapport entre elle et ce Prosper.

ROSE.

Mais quel rapport ? voilà ce qui n'est pas fort clair ;
Cher barbier, c'est à vous de me tirer de peine,
Car je ne puis rester plus long-tems incertaine ;
Soit curiosité, soit un autre intérêt,
Je veux absolument savoir ce qu'il en est.

SCÈNE XI.

LES PRÉCÉDENS, JACQUES.

JACQUES.

EST-CE ici, s'il vous plaît, que se trouve une fille ?...
Une femme plutôt, jeune et d'ailleurs gentille ?

MARGUÉRITE.

Avec un enfant ?

JACQUES.

Oui.

MARGUERITE.

Vous êtes sûrement
Cet honnête garçon qu'elle attend ?

JACQUES.

Justement.

MARGUERITE.

Je vais vous la chercher. Sans rien faire paraître,
Causez avec cet homme, il est instruit peut-être.

SCENE XII.

RIGOLOT, ROSE, JACQUES.

RIGOLOT, *à part, à Rose.*

C'EST un garçon tout simple, et de qui l'on pourrait,
Si l'on s'y prenait bien, savoir ce qu'on voudrait.

ROSE.

Et qui vous fait de lui tirer un tel augure ?

RIGOLOT.

Qui ? moi ! parbleu, j'ai lu cela sur sa figure.
(*S'approchant de Jacques.*)
Vous êtes du pays de cet aimable objet ?

JACQUES.

De Limeuil.

RIGOLOT.

Le pays de Prosper, en effet.
Voyez-vous ?

ROSE.

Elle a l'air d'une bonne personne.

JACQUES.

Hélas ! la pauvre enfant, elle n'est que trop bonne.
J'ai beaucoup lu jadis, moi, je fus sacristain.
Les bons cœurs sont chanceux, dit l'orateur latin.

RIGOLOT.

Diable ! vous savez donc le latin, mon confrère ?

JACQUES.

Le latin ! j'y suis grec.

RIGOLOT.

Je possédais Homère,
Assez bien autrefois. ABAX, COMPTOIR, DAMIER.

JACQUES.

DOMINUS VOBISCUM. Je ne suis qu'un roulier,
Mais j'étais né pour être un jour maître d'école.

RIGOLOT.

Ah ! vous êtes versé dans l'art de la parole.

JACQUES.

Chut ! c'est-elle.

SCENE XIII.

LES PRÉCÉDENS, MARGUERITE, PAULINE.

RIGOLOT.

Elle est bien, très-bien ; de la candeur
Dans les traits : mais souvent c'est un signe trompeur.
(*Rigolot, Rose et Marguerite se retirent dans le fond.*)

(*à Jacques.*)

Parlez, nous vous laissons.

PAULINE.

C'est vous Jacques ?

JACQUES.

Moi-même.

PAULINE.

Combien je suis sensible à votre zèle extrême !

JACQUES, *posant un petit paquet sur la table.*

Voilà tous vos effets.

PAULINE, *le payant.*

Prenez ceci. Pardon.
C'est bien peu, mais je suis si pauvre !

JACQUES.

Laissez-donc.
Je ne veux rien de vous. Comment donc, mon bagage
Ne passe pas exprès pour vous par ce village ?
Et quand cela serait, je serais trop content
De vous rendre un petit service, mon enfant :
Ainsi serrez cela, Pauline, et bon voyage.

PAULINE.

De grace, encore un mot. De moi, dans le village,
Dit-on beaucoup de mal ?

JACQUES.

Tous les honnêtes gens
Vous plaignent, et bientôt, je l'espère, aux méchans,
Nous serons assez forts pour imposer silence ;
Et l'on vous reverra dans le pays, je pense.

PAULINE.

Oh ! non, jamais !

JACQUES.

Pourquoi ?

PAULINE.

Pourrrais-je revenir,
Sans honte dans les lieux où j'eus tant à rougir ?
Mais ici, mon ami, tâchez, je vous conjure,
De bien cacher à tous ma fatale aventure.

JACQUES.

A qui le dites-vous ? Dans ma profession,
La première vertu, c'est la discrétion.
Et Jacques est un garçon intelligent et sage.

PAULINE.

(*Elle va s'asseoir sur le côté.*)

Adieu donc, adieu, Jacques.

JACQUES.

Adieu, prenez courage.

(*à part.*)

Sortons. En vérité, je suis prêt à pleurer.

(*Il va pour sortir.*)

ROSE, *poussant Rigolot au devant de Jacques.*

Mais retenez-le donc!

RIGOLOT, *à demi-voix à Jacques.*

Pourriez-vous demeurer
Un instant?

JACQUES, *très-haut.*

Et pour quoi?

RIGOLOT.

Plus bas. Cette étrangère,
Quelle est-elle entre nous?

JACQUES.

Ce n'est pas votre affaire,
Je crois.

RIGOLOT.

Non, j'en conviens. C'est donc un grand secret?

JACQUES.

Vous êtes curieux, et moi, je suis discret.
VALE.

SCÈNE XIV.

RIGOLOT, MARGUERITE, PAULINE.

ROSE, *à Rigolot.*

QUE savez-vous?

RIGOLOT.

Je n'ai pu pénétrer....
A revoir son époux, il faut la préparer.
(*Approchant de Pauline.*)
Eh bien! toujours livrée à la mélancolie?
Egayez-vous un peu. Que diable, dans la vie
On éprouve souvent de plus fortes douleurs!

PAULINE.

Eh quoi ! connaissez-vous le sujet de mes pleurs ?

RIGOLOT, *faisant à Rose et à Marguerite un signe d'intelligence.*

Dans ses moindres détails.

PAULINE.

Dieux ! m'aurait-on trahi ?
C'est Jacque apparemment.

RIGOLOT, *faisant le même signe.*

Eh ! qui donc, je vous prie ?

PAULINE.

Le malheureux ! Mais quoi ! vous savez qui je suis,
Et ne m'accablez pas de tout votre mépris ?

RIGOLOT.

En philosophe instruit des faiblesses humaines,
Loin de vous mépriser, je pleure sur vos peines.

PAULINE.

Ah ! je suis en effet bien digne de pitié.
Pour mieux me perdre, hélas ! rien ne fut oublié.
Sans parens, sans amis, au sortir de l'enfance,
En lui seul j'avais mis toute mon espérance.

RIGOLOT.

Eh bien ! j'en étais sûr. Le petit scélérat !
Voilà comme ils font tous. Vous le fuyez, l'ingrat ?

PAULINE.

Non, c'est lui qui me fuit.

RIGOLOT.

Eh ! oui, c'est cela même.
Et vous le détestez ?

PAULINE.

Non, malgré moi je l'aime.

RIGOLOT.

Ah ! je connais l'amour. Allons, consolez-vous.
Je le ramenerai bientôt à vos genoux.

PAULINE.

Qui?

RIGOLOT.

Lui. Le cœur est bon, si la tête est légère.
Je veux lui rappeler à propos qu'il est père.

PAULINE.

Où le trouver ?

RIGOLOT.

Il n'est pas loin.

PAULINE.

Comment ?

RIGOLOT.

Suffit,
Que celui qui vous parle, a, dit-on, quelqu'esprit,
Connaît le cœur humain et raisonne avec force.
Il n'a pas encor fait proclamer son divorce ?

PAULINE.

Son divorce ! Jamais fûmes-nous mariés ?

RIGOLOT.

Vous n'êtes pas sa femme ?

PAULINE.

Eh ! quoi, vous l'ignoriez ?

RIGOLOT.

Ah ! je vois ce que c'est ; c'est une aventurière.

PAULINE.

Qu'entends-je ! j'en mourrai !

ROSE, *à Rigolot, vivement.*

Voulez-vous bien vous taire ?
Respectez son malheur, au lieu de l'insulter.

MARGUERITE.

Pourquoi donc à ce point, voisin, vous emporter ?
A condamner les gens, je ne suis pas si prompte.

PAULINE.

Dans le sein de mon fils, allons cacher ma honte.

SCENE XV.

RIGOLOT, MARGUERITE, ROSE.

RIGOLOT, *à Rose.*

IL voulait vous tromper, je vous l'avais bien dit.
Sans doute elle a de lui promesse par écrit.
C'est un grand libertin ; pourtant je compte en faire
Un honnête homme : il a fort peu de caractère.

MARGUERITE.

D'un ton si méprisant, pourquoi parler de lui ?
Ne vous mêlez pas tant de ce qui touche autrui,
Et ne négligez pas votre état, vos pratiques.
Hier vous ne songiez qu'aux affaires publiques ;
Aujourd'hui vous songez à celles des passans ;
Et grâce à ces objets, graves, intéressans,
Pas une barbe faite encor dans le village.

ROSE.

Allons le consoler. . . . . O ciel ! à son langage. . . . ?
Non, il n'est pas cruel et fourbe à cet excès.

MARGUERITE.

Eh ! non, il n'oserait, et le ciel tout exprès
Pour toi l'a fait meilleur que le reste des hommes.

(*Rose sort.*)

SCENE XVI.

MARGUERITE, RIGOLOT.

RIGOLOT.

QUAND l'amour nous assiège, aveugles que nous sommes !

MARGUERITE.

Quel homme, juste ciel ! mon pauvre frère, hélas !
A de telles horreurs, voisin, ne croira pas.

E...

RIGOLOT.

Et plus tôt que plus tard, pourtant il faut l'instruire.

MARGUERITE.

Sans doute, et de ce pas je m'en vais tout lui dire.
Vous l'aviez bien jugé quand on lui fit accueil,
Mon voisin, comme il est juste votre coup-d'œil!

(*Elle sort.*)

SCENE XVII.

RIGOLOT, *seul.*

CET homme à deviner m'a donné de la peine;
Que de perversité dans la nature humaine!
A son age, Prosper est un fourbe effronté!
Que sera-t-il au mien? Ma perspicacité
Est rare; mais avoir percé cette infamie,
Il faut en convenir, c'est un trait de génie.
Si de tous les talens que j'ai reçus du ciel,
Comme lui, j'avais fait un emploi criminel,
Moi, j'étais homme à mettre en feu toute l'Europe.

SCENE XVIII.

RIGOLOT, PROSPER.

PROSPER, *qui a entendu les deux derniers vers.*

BIEN! Je n'aurais pas mieux tiré votre horoscope.

RIGOLOT.

Ah! c'est vous?

PROSPER.

Qu'est-ce donc? vous me boudez, je croi,
Mon cher?

RIGOLOT, *gravement.*

Plus de colloque entre le vice et moi.

PROSPER.

Ah ! j'ai donc ce matin du penchant pour le vice ?

RIGOLOT.

On vous connaît enfin, et l'on vous rend justice,
Entendez-vous.

PROSPER.

Très-bien ; voilà du sérieux.

RIGOLOT.

Cessez de plaisanter, baissez plutôt les yeux.

SCENE XIX.

RIGOLOT, PROSPER, ROSE.

PROSPER, *à Rose qui entre.*

C'EST vous, Rose? Michel cause avec votre tante.
Il est vraiment trop bon : avec excès il vante
Un secours que je suis heureux de lui prêter.
En ces lieux plus long-tems que ne puis-je rester ?
Le ciel m'en est témoin ; oui, ma plus chère envie,
Est de pouvoir ici passer toute ma vie.

ROSE.

L'imposteur ! m'affirmer qu'il n'a jamais aimé.
A de pareils sermens il est accoutumé.

PROSPER.

Et pourquoi doutez-vous de ce que je vous jure ?
Ma bouche n'est pas faite encore à l'imposture.
Rose, je vous ai dit tantôt la vérité :
Mais garderai-je encor long-tems ma liberté ?
Rose, je vous ai vue.

ROSE.

Ah ! c'en est trop, infâme !
Vous me parlez d'amour ; je sens au fond de l'ame,
Qu'à ces lâches discours j'aurais ajouté foi.
Je te rends grâce, ô ciel ! toi qui veillant sur moi,
M'as si bien dévoilé toute sa perfidie.

PROSPER.

Et qui donc, près de vous, m'a noirci, je vous prie ?

ROSE.

Celle que vous avez séduite, elle est ici.

RIGOLOT.

Elle est ici.

PROSPER.

Comment ?

RIGOLOT.

Et votre enfant aussi,
Père dénaturé.

PROSPER.

C'est une raillerie ;
Vous moquez-vous de moi? revez-vous, je vous prie !
Tour-à-tour, prisonnier, général, séducteur,
Que sais-je? en vérité, c'est beaucoup trop d'honneur.
Cher barbier, permettez que je vous remercie
Des titres glorieux dont on me gratifie :
Vous avez sur mon ame, un esprit inventif,
Tout cela vient de vous.

RIGOLOT.

Oui, mon zèle excessif
Pour mes amis, m'a fait découvrir vos manèges,
Et si j'ai le bonheur de les sauver des pièges
Que vous avez si bien préparés sous leurs pas,
Du peu d'esprit que j'ai, je ferai très-grand cas.

SCÈNE XX.

RIGOLOT, PROSPER, MICHEL, MARGUERITE, ROSE.

MICHEL.

PROSPER, depuis une heure, au moins, ma sœur me conte
Tous les nouveaux soupçons qu'on a sur votre compte.

PROSPER.

Et vous êtes bien loin d'y croire, vous?

MICHEL.

Ma foi,
Je ne puis pas vous dire encore que j'y croi;
Mais de ce que j'apprends mon ame est alarmée.
Rose, dit-on, vous aime et de vous est aimée;
Soit : mais d'une bassesse on vous prétend auteur;
Je n'ai vu dans Prosper qu'un simple voyageur.
Maintenant, voulez-vous mériter mon estime?
Prouvez que c'est à tort qu'on vous impute un crime;
Vous me ferez plaisir.

PROSPER.

Je suis digne de vous.
J'aime Rose, Michel; mon espoir le plus doux,
Serait qu'à cet amour elle daignât répondre.
Quant au reste, le ciel puisse-t-il me confondre,
S'il est un mot de vrai dans tout ce qu'on a dit!
Jusqu'à présent, je crois, mon démenti suffit.
Quand on aura prouvé les faits dont on m'accuse,
Je répondrai.

RIGOLOT.

Fort bien, le voilà sans excuse.
Marguerite, amenez sa victime à ses yeux;
Non, je vais la chercher : à paraître en ces lieux,
Il faut qu'un homme adroit, tel que moi la décide.

MARGUERITE.

Venez chez Rigolot, et vous, tremblez, perfide!

(*Rigolot et Marguerite sortent.*)

SCENE XXI.

MICHEL, PROSPER, ROSE.

PROSPER.

Allez, je vous attends.

ROSE.

Réparez tous vos torts,
Tous les honnêtes gens vous aimeront alors.

PROSPER.

J'ai beaucoup de défauts, sans doute, et dans ma vie,
J'ai déja fait et mainte et mainte étourderie ;
Mais pour tromper, jamais je ne fus assez bas :
Si je l'avais été, je ne dormirais pas,
Que je n'eusse aussi bien qu'un homme en est capable,
Réparé tous les maux dont je serais coupable.

SCENE XXII.

RIGOLOT, PROSPER, MICHEL, MARGUERITE, ROSE, PAULINE.

RIGOLOT, *amenant Pauline.*

VENEZ, ma chère enfant, venez, n'ayez pas peur.
(*A Prosper.*)
Voyez, et rougissez !

PAULINE.

Ciel ! mon frère !

PROSPER.

Ma sœur !

MARGUERITE.

Sa sœur !

RIGOLOT.

Oh ! oh !

ROSE.

Sa sœur !

MICHEL.

Avais-je tort de dire
Qu'il était innocent ?

ROSE.

C'est sa sœur, je respire.

PAULINE.

Ah, mon frère ! à tes pieds vois ta sœur qui gémit.
Je n'ose te parler ; mais tiens, prends cet écrit.
Mon frère, il t'apprendra ma funeste aventure.

PROSPER.

Je sais tout. Mais au nom du ciel, je t'en conjure,
Ce secret doit rester entre nous : parle bas.

PAULINE.

Devant ces braves gens, je ne me cache pas ;
Ils sont instruits, et même ils ont daigné me plaindre.
Tu pleures, ah ! combien j'avais tort de te craindre !
Et cependant j'allais vers toi dans ma douleur,
Mon frère.

PROSPER.

Et moi, j'allais te consoler, ma sœur.
Eh bien ! connaissez-vous enfin mon innocence ?
Et sentez-vous pourquoi je gardais le silence?
Ah ! crois que si plutôt j'avais su tes malheurs,
Ma Pauline, j'aurais déja séché tes pleurs.
J'ai vainement écrit à ma cruelle tante :
Mais enfin je sais tout, je te sais innocente.
Et qui m'a tout appris ? Belval, ton séducteur.

PAULINE.

Dieux !

PROSPER.

Lui-même. Rempli de remords, de douleur,
De sa victime il est venu trouver le frère ;
Pour réparer sa faute, il est prêt à tout faire.
Il dit qu'il t'a trompée avec indignité.
Ma sœur, dans l'abandon et dans la pauvreté ?
A sa peine je puis, je dois porter remède ;
A la hâte je vends tout ce que je possède ;
Prends ce léger secours, bien léger en effet.
(*Il lui remet un porte-feuille.*)
C'est tout ce que je peux, ma sœur, et chacun sait
Qu'un mobilier d'artiste est toujours fort modeste.

PAULINE.

Quoi ! tu t'es dépouillé ?

PROSPER.

Non, mon pinceau me reste,
Et du sort, avec lui, je puis braver les coups.
Mais ce n'est pas assez, il te faut un époux.
Ma sœur, dis un seul mot. Belval fut bien coupable,

Tu peux encor de lui faire un homme estimable.
Je te l'ai dit, il est venu pour m'implorer,
Il peut, en t'épousant, ma sœur, tout réparer.
Cet homme est-il encor digne de ta tendresse ?
C'est à toi d'en juger; je t'en laisse maîtresse.
Tu peux le refuser, car je n'ai rien promis.

PAULINE.

Et comment refuser le père de mon fils ?

PROSPER.

Bien, ma sœur !

MARGUERITE, *à Rose.*

De ceci, que penses-tu, ma chère ?

ROSE.

Qu'il sera bon mari, puisqu'il est si bon frère.

PROSPER.

Ah, Rose !

MARGUERITE.

C'est un point dont nous convenons tous.
Je ne veux point qu'elle ait d'autre mari que vous.

MICHEL.

Fort bien : vous vous aimez, mes enfans, et je pense
Que vous vous convenez. Pourtant, la connaissance
Est de bien fraîche date encore entre vous deux.
Prosper, pour quelque tems, fixez-vous dans ces lieux ;
Étudiez les mœurs, l'esprit, le cœur de Rose ;
Ma fille à votre égard fera la même chose.
Telle femme est charmante, et tel homme est parfait,
Dit-on, et l'un pour l'autre on n'est pourtant pas fait.
En attendant, Prosper, soyez de la famille,
Que votre chère sœur soit ma seconde fille.
(*à Rigolot.*)
Or ça, nous voilà tous à vous accoutumés ;
Affirmez-nous toujours ce que vous présumez ;
Voisin, conjecturez avec nous à votre aise.

PROSPER.

On sait que vous parlez toujours par hypothèse ;
On ne vous croira pas.

RIGOLOT.

Suis-je donc un menteur ?

MICHEL.

Non, vous êtes sujet à donner dans l'erreur.

RIGOLOT.

D'accord, je me trompais, la chose est fort possible.
Je suis fin, clairvoyant, mais non pas infaillible.

MICHEL.

Mon voisin Rigolot, retenez désormais,
Vous, qui croyez si bien analyser les traits,
Qui sur le front des gens, cherchez leurs aventures,
Que rien n'est si trompeur que l'art des conjectures.

FIN.

www.ingramcontent.com/pod-product-compliance
Lightning Source LLC
LaVergne TN
LVHW020038170826
845678LV00001B/311

* 9 7 8 2 3 2 9 6 9 7 8 5 7 *